Detlev Block

Der Engel und die Eselin

Glaubensgeschichten
für Kinder

Mit Zeichnungen von Gisela Röder

Edition Anker

Edition Anker – Regenbogen

Quellenhinweis:
„Das Lied vom verworfenen Eckstein“ aus: Detlev Block, „Kommt mit Gaben und Lobgesang – Neue Bibellieder“, Strube Verlag, München 1992

Die Deutsche Bibliothek – CIP-Einheitsaufnahme

Block, Detlev:
Der Engel und die Eselin : Glaubensgeschichten für Kinder / Detlev Block. Mit Zeichn. von Gisela Röder. – Stuttgart : Ed. Anker im Christlichen Verl.-Haus, 1996
(Edition Anker : Regenbogen)
ISBN 3-7675-7183-8

Illustrationen: Gisela Röder, Berlin
Layout: Christine Petzak
Umschlaggestaltung: Dieter Betz, Weissach,
unter Verwendung eines Bildes von Gisela Röder
Gesamtherstellung: Druckhaus West GmbH, Stuttgart
ISBN 3-7675-7183-8

5 4 3 2 1

Inhalt

Seite

Zu diesen Geschichten

Der Engel und die Eselin? Das klingt lustig, das macht neugierig. Und so soll es auch sein. Ich hoffe, ihr habt Freude an den Geschichten und Bildern dieses Buches, das nach dem vierten Kapitel benannt ist. Ich habe euch einige kurze Begebenheiten ausgesucht und neu erzählt oder auch für euch ausgedacht, die ich interessant und nachdenkenswert finde.

Da lest ihr von großen Sonnen im Weltall und einem winzigen Tautropfen, der zu einer kostbaren Perle wird. Von Bäumen, die sich einen Herrscher wählen, und von Fischen, die nicht wissen, was Wasser ist. Von Heiner und seinem Vater, die ein Aquarium mit Schwimmkäfern einrichten, und einem merkwürdigen Mann, der alles Schöne und Heile kaputtmachen muß. Von einem König, der sich als Landstreicher verkleidet, und einer Eselin, die klüger ist als ihr Herr.

Die Malerin Gisela Röder hat mit ihren Bildern manche Szene daraus gut nachempfunden und für euch anschaulich dargestellt. Seht euch die Bilder einmal in Ruhe an!

Zu diesen Geschichten kann man sich ganz verschiedene Gedanken machen. Ich lade euch ein, in ihnen Bilder und Gleichnisse für den Glauben an Gott zu entdecken. Wie man das machen kann, zeigen die Erläuterungen am Ende jeder Geschichte, die kursiv gesetzt und mit Leisten oben und unten gekennzeichnet sind. So denke ich zum Beispiel bei der Erzählung von den Fischen, die nicht wissen, was Wasser ist, an Menschen, die keine Ahnung von Gott haben, obwohl sie doch täglich in seinen Händen sind und von seiner Güte leben. Ich bin gespannt, ob ihr die kleinen Erzählungen auch so ähnlich versteht und in euer Leben übertragen könnt, wie ich es versuche.

In der Bibel gibt es viele schöne und wichtige Geschichten von Gott und von Jesus. Aus ihr sind auch die beiden Stücke »Der Engel und die Eselin« (4. Mose 22–24) und »Die Herrscherwahl der Bäume« (Richter 9, 7–15) entnommen. Auch das Lied vom verworfenen Eckstein ist nach einer biblischen Vorlage (Psalm 118, 22 und Matthäus 21, 42) gedichtet.

Aber daneben gibt es auch andere Geschichten, die nicht in der Bibel stehen und doch etwas Wichtiges vom Glauben aussagen. Dazu gehören Fabeln, Legenden, geschichtliche Stücke oder auch eigene Erlebnisse. Denn Gott hat viele und immer wieder neue Möglichkeiten, mit uns zu reden und an uns zu handeln. Viele von euch werden die Geschichten schon selbst lesen können, manche bekommen sie auch von den Eltern oder älteren Geschwistern vorgelesen. Vielleicht redet ihr auch miteinander über den Sinn und die Bedeutung der Erzählungen. Das kann man auch in der Schule oder in der Kirchengemeinde tun. Dabei wünsche ich euch gute und lebhafte Gespräche.

Detlev Block

Fische, die nicht wissen, was Wasser ist

In einem Fluß, der noch gesundes Wasser hatte, lebten viele Fische. Sie schwammen munter durch die Wellen, die größeren für sich allein, die kleineren in Schwärmen zusammen. Manche kamen an die Wasseroberfläche und schnappten Luft, manche gründelten in der Tiefe und suchten nach Futter. Es war ein frohes Treiben. Jeder zog seine Bahn und schwamm, wo es ihm gefiel.

Einmal aber gab es eine große Versammlung der Fische. Alle Fische wurden herbeigerufen.

»Wir müssen über eine wichtige Frage beraten«, hieß es.

Als alle zusammen waren, sprachen die Fische zueinander: »Man sagt immer, daß unser Leben vom Wasser abhängt. Dabei haben wir doch noch niemals Wasser gesehen. Wer kann uns sagen, was Wasser ist?«

Die Fische guckten sich stumm und ratlos an. Niemand wußte auf diese Frage eine Antwort.

Schließlich machten einige ältere Fische einen Vorschlag. Sie hatten schon viel von der Welt gesehen und wußten mehr als die anderen. Sie sagten: »Draußen im großen Meer lebt ein kluger und gelehrter Fisch. Von ihm heißt es, daß er alle Dinge weiß. Wir haben schon viel von ihm gehört. Laßt uns zu ihm schwimmen und ihn bitten, uns zu erklären, was Wasser ist. Vielleicht weiß er eine Antwort.«

Diesem Vorschlag stimmten alle Fische zu.

Sofort machten sie sich auf die Reise. Sie dauerte viele Tage und Nächte. Die Fische schwammen den ganzen Fluß hinunter, bis er in das offene Meer mündete.

Bald fanden sie den klugen und gelehrten Fisch. Sie trugen ihm ihre Sache vor und fragten ihn nach dem Wasser: »Kannst du uns sagen, was Wasser ist?«

Der gelehrte Fisch hörte sie an und sprach zu ihnen: »Ihr lieben Fische! Ihr lebt und bewegt euch jeden Tag im Wasser. Aus dem Wasser seid ihr gekommen. Zum Wasser kehrt ihr am Ende wieder zurück. Seltsam – ihr lebt mitten im Wasser, aber ihr wißt es nicht!«

Die Fische staunten nicht schlecht. Es war ihnen, als könnten sie zum ersten Mal mit ihren Fischaugen richtig sehen und mit ihren Flossen richtig fühlen.

Freundlich erklärte ihnen der erfahrene Fisch: »Wohin ihr seht, überall ist Wasser um euch. Daß ihr euch so flink und froh bewegen könnt mit eurem Schwanz und euren Flossen, verdankt ihr dem Wasser. Es trägt und leitet euch. Es gibt euch auch Sauerstoff zum Atmen. Ihr nehmt ihn durch eure Kiemen auf. Und das Wasser ernährt euch. Wo fändet ihr sonst euer Futter? Ohne Wasser könntet ihr nicht leben. Darum ehrt und achtet es!«

Die Fische machten sich wieder auf den Weg in ihre Flußheimat. Nun wußten sie um das Geheimnis des Wassers. Und während sie durch das Wasser nach Hause schwammen, empfanden sie eine tiefe Dankbarkeit und Freude.

Unser Leben in seinen Händen

Die Fische leben mitten im Wasser, ja sie leben sogar vom Wasser. Aber sie wissen es nicht. Sie fragen: Was ist Wasser?

Wir Menschen leben in Gottes Welt. Wir sind von seiner Güte umgeben und werden von seinen Gaben versorgt. Aber wir wissen es nicht. Wir fragen: Wer ist Gott?

Die Fische brauchen Hilfe, bis sie erkennen: Wir leben vom Wasser. Es ernährt uns, es trägt und leitet uns. Der kluge und erfahrene Fisch sagt es ihnen.

Auch wir brauchen Hilfe, um zu erkennen: Wir leben von Gott. Seine Liebe umgibt und versorgt uns. Menschen, die an Gott glauben und ihn in ihrem Leben erfahren haben, können uns diese Hilfe geben. Für dich können das deine Eltern oder Großeltern sein, aber auch deine Lehrerin und dein Pastor.

Das Wichtigste über Gott hat uns Jesus gesagt und mit seinem Leben vorgelebt. Wir dürfen darüber froh und dankbar sein – wie die Fische es waren, als sie wieder nach Hause schwammen.

In der Bibel steht das Wort:
»Von allen Seiten
umgibst du mich und hältst deine Hand über mir«
(Psalm 139, 5)

● *Glauben heißt, darauf zu vertrauen, daß Gott überall und allezeit bei uns ist.*

Der als Landstreicher verkleidete König

Vor langer Zeit lebten die Wikinger, ein gefürchtetes Volk von Seefahrern. Sie hatten große Kriegsschiffe mit Drachenköpfen am Bug. Sie selber trugen Helme aus Eisen. Die Menschen hatten Angst vor den Wikingern, denn sie überfielen Städte und Dörfer, raubten sie aus und setzten Häuser und Kirchen in Brand.

Eines Tages fielen die Wikinger in England ein. Der mutige König Alfred leistete ihnen mit

seinen Soldaten zur See und an Land Widerstand. Zuerst konnte er manche Siege erringen, aber dann wurde er von den Wikingern zurückgeschlagen. Als ihn die Feinde verfolgten, mußte er aus seinem Schloß fliehen. Er versteckte sich, als Landstreicher verkleidet, in einem Wald. Der König der Wikinger hatte eine hohe Belohnung für den ausgesetzt, der ihm König Alfred ausliefern würde. Darum gab sich der englische König nur wenigen Getreuen zu erkennen.

Zu diesen Getreuen gehörte der Hirt Ulfric. Er liebte seinen König und wollte ihm helfen. Er

lud ihn in sein kleines Haus ein, das eher einer Hütte glich, und bot ihm an, hier zu wohnen, bis die Gefahr vorüber sei.

Der König nahm die Einladung an. Die Frau des Hirten Ulfric hatte keine Ahnung, wer der Gast war. Ulfric wußte, daß seine Frau nichts für sich behalten konnte, und hatte es ihr deshalb nicht erzählt.

König Alfred saß stundenlang am Tisch und brütete vor sich hin. Er dachte an sein verlorenes Königreich und überlegte, wie er die Wikinger vielleicht doch noch vertreiben könnte. Der Frau des Hirten kam es seltsam vor, daß so ein kräftiger Mann nur am Tisch herumsaß. Es gab doch so viel Arbeit im Haus.

Als Ulfric draußen bei seiner Herde war, sprach sie den Gast darauf an: »Es wäre schön, wenn du hier nicht dauernd untätig herumsitzt, sondern mir ein wenig im Hause hilfst. Zu wirklicher Arbeit scheinst du ja nicht zu taugen, aber du könntest wenigstens auf meinen Kuchen aufpassen, daß er mir nicht auf dem Ofenrost verbrennt. Ich muß jetzt nämlich zum Brunnen gehen und Wasser holen. Also, wenn der Kuchen braun wird, drehe ihn um! Und nachher nimm ihn vom Herd!« Sprach's und ging davon.

Der König war mit seinen Gedanken wieder bei seinem Land. Die Feuerflammen im Herd

regten ihn zu Bildern des Kampfes und des Sieges an: Müßte es nicht doch möglich sein, die Soldaten wieder zusammenzurufen und den Feind zu bezwingen?

Ulfrics Frau weckte ihn unsanft und verärgert aus seinen Träumen: »Nicht einmal auf den Kuchen aufpassen kannst du, du fauler Nichtsnutz! Hier, riechst du es nicht, mein ganzer Kuchen ist pechschwarz verkohlt! Und du sitzt daneben! Wütend bin ich!« Und sie versetzte ihm eine Ohrfeige.

Im selben Augenblick trat Ulfric in die Tür

und rief erschrocken: »Aber Frau, was machst du denn!«

Er merkte, daß ihr Zorn mit ihr durchging und drang verzweifelt auf sie ein: »Nun sei doch endlich still! Weißt du, wer unser Gast ist? Es ist König Alfred! Erkennst du deinen König nicht?«

Niemand weiß, was dann geschah. Ulfrics Frau wird mit großem Entsetzen den König um Verzeihung gebeten haben, und dem König selbst wird seine Nachlässigkeit leid getan haben!

Jedenfalls kehrte König Alfred bald danach wieder in sein Schloß zurück, rief seine Soldaten zusammen und trieb die Feinde aus dem Land.

Es regierte noch viele Jahre als ein geachteter und geliebter König. Er vergaß nicht, wie der Hirt Ulfric ihm in schwerer Zeit beigestanden hatte, und machte ihn zum Bischof. So wird auch Ulfrics Frau dem König noch oft begegnet sein und sich vor ihm verneigt haben – vor ihm, den sie nicht erkannt hatte, als er als Landstreicher verkleidet in ihr Haus kam.

Unerkannt mitten unter uns

Die Frau des Hirten Ulfric hat ihren König nicht erkannt, als er als Gast in ihr Haus kam. Er war ja auch als Landstreicher verkleidet.

So geht es vielen Menschen mit Gott. Daß er uns in dem Menschen Jesus von Nazareth nahekommt, ist ein Geheimnis, das nur Glaubende entdecken. Viele stellen sich Gott machtvoller und gewaltiger vor, als er sich uns in Jesus zeigt. Und doch ist es so: Gott kommt in Jesus zu uns, lebt als einer von uns mitten unter uns, will uns gleich sein. Gott ist anders in die Welt gekommen, als die meisten es erwarten.

Ob Gott auch heute zu uns kommt, ohne daß wir ihn erkennen? Was meinst du?

In der Bibel steht das Wort:
»Er kam in die Welt.
Und die Welt ist durch ihn geschaffen worden. Aber sie erkannte ihn nicht. Er kam in sein Eigentum, und die Seinen nahmen ihn nicht auf. Manche aber nahmen ihn doch auf und vertrauten ihm. Ihnen gab er das Recht, Gottes Kinder zu werden«
(Johannes 1, 10–12).

● *Glauben heißt, in Jesus von Nazareth Gottes Nähe zu entdecken und damit zu rechnen, daß Gott immer wieder durch Menschen zu uns kommt.*

Das Lied vom verworfenen Eckstein

1. Ein neues Haus ist im Entstehn,
das viele Steine faßt.
Die Maurer nehmen einen Stein,
die Maurer nehmen einen Stein:
Mal sehen, ob er paßt.

2. Sie prüfen ihn und wenden ihn.
Der Stein ist fest und schwer.
Dann werfen sie ihn plötzlich weg,
dann werfen sie ihn plötzlich weg:
Der Stein paßt nicht hierher.

3. Da kommt der Architekt zum Haus.
Er sieht den schönen Stein
und sagt: Der soll der Eckstein sein,
und sagt: Der soll der Eckstein sein
und fügt ihn passend ein.

4. Die Maurer haben sich geirrt.
Der Stein paßt ganz genau.
Der Stein, der erst verworfen war,
der Stein, der erst verworfen war,
der stützt und trägt den Bau.

5. Du fragst, was die Geschichte soll?
Der Stein ist Jesus Christ,
der gegen allen Widerspruch,
der gegen allen Widerspruch
der Grund des Glaubens ist.

Der Engel und die Eselin

Gute Worte helfen und machen Mut. Böse Worte können mutlos machen und töten.

Das wußte auch König Balak. Er regierte über das Land der Moabiter und machte sich große Sorgen. Das Volk Israel war auf seiner Wanderung in das Land der Moabiter eingedrungen. Hier hatte es ein gewaltiges Lager mit vielen Zelten aufgeschlagen.

»Es sind so viele Israeliten«, dachte König Balak, »daß meinem eigenen Volk bald nichts mehr zum Leben bleiben wird. Aber angreifen kann ich sie auch nicht, denn ich habe viel weniger Soldaten als sie.«

Balak dachte an einen Mann, dessen Wort große Macht hatte. Er konnte segnen, und er konnte verfluchen. Und dieser Mann hieß Bileam.

»Bileam muß mir helfen«, überlegte der König. »Wenn er das fremde Volk verflucht, bekommt es Angst. Und meine Soldaten bekommen Mut. Dann brauche ich mit meiner Armee nur noch ein klein wenig nachzuhelfen, und Israel ist besiegt.«

König Balak schickte Gesandte zu Bileam. Sie trugen ihm die Sache vor. Sie hatten es nicht leicht, Bileam zu gewinnen. Aber schließlich sagte er dem König zu.

Am nächsten Tag sattelte Bileam seine Eselin und machte sich mit den Gesandten auf den Weg. Das Ziel der Reise war ein hoher Berg. Von dort sollte das Volk Israel verflucht und angegriffen werden.

Aber Gott stellte Bileam seinen Engel in den Weg. Plötzlich bockte die Eselin. Sie ging vom Weg ab ins Feld. Sie sah den Engel Gottes mit gezogenem Schwert dastehen. Nur Bileam sah nichts.

Er wurde ärgerlich. Warum lief das Tier in das Feld? Er schlug die Eselin und trieb sie wieder auf den Weg.

Da stellte sich der Engel an einen Engpaß. Rechts und links war der Weg durch hohe Weinbergmauern begrenzt.

Die Eselin sah den Engel und versuchte auszuweichen. Sie drückte sich an die Mauer. Dabei wurde Bileams Fuß gequetscht.

Bileam war wütend. Er begriff nicht, was mit dem Tier los war. Wieder gab es Schläge und Schimpfen, bis die Eselin weitertrabte.

Noch einmal ging der Engel ein Stück weiter und wartete an einem Hohlweg. Die arme Eselin konnte weder rechts noch links ausweichen. Sie legte sich hin.

Nun hatte Bileams Geduld ein Ende. Er tobte

und schlug mit dem Stock auf das Tier ein.

Die Eselin sah Bileam an, als ob sie sagen wollte: »Schon dreimal hast du mich jetzt geschlagen. Was habe ich dir getan?«

»Tier, du hältst mich zum Narren! Hätte ich ein Schwert, es fehlte nicht viel, ich würde dich töten!« schrie Bileam.

Die Eselin sah ihn mit großen Augen an, als ob sie ihn fragen wollte: »So lange bin ich dein Reittier. Du kennst mich doch genau. Warst du denn jemals unzufrieden mit mir? Ich glaube nicht.«

Da wurden mit einem Mal Bileams Augen geöffnet. Er sah den Engel mit dem Schwert mitten auf dem Weg stehen. Bileam warf sich vor ihm auf die Erde nieder.

»Warum hast du deine treue Eselin geschlagen?« fragte der Engel. »Ich habe mich dir in den Weg gestellt, um dich anzuhalten. Du bist dabei, einen großen Fehler zu machen.«

Und der Engel nahm die Eselin in Schutz und sagte: »Die Eselin hat mich gesehen und ist mir dreimal ausgewichen. Du verdankst ihr dein Leben. Denn wenn du weitergeritten wärst, hätte ich dich getötet.«

»Ich habe Unrecht getan«, erkannte Bileam. »Ich war zornig, weil ich blind war. Ich will sofort zurückkehren, wenn Gott diese Reise nicht will.«

»Du kannst ruhig mit diesen Männern zu König Balak gehen, Bileam«, erwiderte der Engel. »Aber du darfst nur tun, was ich dir sage. Du sollst Israel nicht verfluchen, sondern segnen. Handle nicht gegen Gottes Ruf! Dann stecke ich mein Schwert ein und geleite dich auf deinem Weg.«

Wie es der Engel sagte, geschah es.

Endlich erschien Bileam auf dem Berg, wo König Balak und seine Soldaten schon lange warteten. Von der Höhe aus hatte man einen weiten Blick über das Land. Auch auf das Lager der Israeliten.

Aber kein Fluch kam über Bileams Lippen. Kein feindliches Wort wurde laut und keine Drohung. Nur gute, segnende Worte kamen aus seinem Mund: »Wie kann ich dieses Volk da unten verwünschen, wenn Gott, der Herr, es nicht verwünschen will? Hier von der Höhe aus kann ich sie sehen. Sie sind ein Volk von besonderer Art. Ein Volk, das Gottes Willen tut. Wie schön sind deine Zelte, Israel! Wie blühend sehen deine Fluren aus! Jeder, der dich segnet, hat selber teil an diesem Segen.«

Empört rief König Balak: »Warum tust du mir das an? Ich habe dich geholt, damit du meine Feinde verfluchst – und nun segnest du sie!«

Aber Bileam antwortete: »Ich kann nichts anderes sagen, als was mir der Herr durch seinen Engel in den Mund gelegt hat. Und niemand darf Fluch und Segen nach seinem eigenen Willen verteilen.«

Und nach diesen Worten machte sich Bileam mit seiner treuen Eselin wieder auf den Weg nach Hause.

Boten, die helfen und bewahren

Gott hat seine Boten überall. Wir müssen sie nur erkennen und ihre Botschaft an uns verstehen und annehmen. Gott kann alles in seinen Dienst stellen: Menschen, Tiere, Dinge, Ereignisse, Gedanken, Träume – was es nur gibt.

Auch uns selbst kann Gott zu seinen Boten machen. Wenn du deinem Freund hilfst oder einem Klassenkameraden eine Schulaufgabe erklärst, die er nicht versteht, wenn du in der Straßenbahn deinen Platz einer alten Frau gibst, damit sie sitzen kann, oder nach einem Streit mit dem Nachbarjungen zu ihm sagst: »Komm, wir wollen uns wieder vertragen!« – dann bist du auch so etwas wie ein guter, freundlicher Bote Gottes.

Manchmal stellen sich uns Gottes Boten auch in den Weg, um uns vor einem Fehler zu bewahren. So tut es der Engel mit dem Schwert in unserer Geschichte.

Engel? Das heißt nichts anderes als Bote Gottes. Engel erkennt man an ihrer Botschaft. Was sie uns sagen, ist wichtig. Wie sie aussehen, ist nicht so wichtig. Denn Gottes Boten können sehr verschieden aussehen. Manchmal auch wie du!

Der Engel sagt Bileam: Du sollst die Menschen nicht verfluchen, sondern segnen. Nicht Fluch und Untergang, sondern Segen und Bewahrung ist Gottes Wille.

Noch etwas anderes sagt uns unsere Geschichte. Wenn der Mensch blind ist, warnt uns die Natur vor Gefahren.

Die Eselin hat den Engel mit dem Schwert viel eher gesehen als Bileam. Durch ihr Verhalten macht sie Bileam aufmerksam: Paß auf! So geht der Weg nicht weiter!

Heute müssen wir auf die Warnungen der Pflanzen und Tiere, des Wassers und der Luft achten: Ihr Menschen, ihr dürft die Erde nicht noch mehr zerstören!

In der Bibel steht das Wort:
»Ich will dich segnen, und du sollst ein Segen sein«
(1. Mose 12, 2).

● *Glauben heißt, Gottes Boten zu erkennen und seiner Botschaft zu gehorchen.*

Gelbrandkäfer im Aquarium

Heiner und sein Vater richteten ein Aquarium ein. Den alten Glaskasten hatte der Vater vom Dachboden heruntergeholt und tüchtig ausgewaschen.

Zuerst kam Kies ins Aquarium. Dann nahm Heiner drei größere Steine und baute sie zu einer Höhle auf. Zwei Steine legte er nebeneinander, ließ aber dabei genügend Platz zwischen ihnen, und den dritten Stein legte er als Dach darüber. Fertig war die Steinhöhle.

Der Vater steckte inzwischen ein paar Wasserpflanzen in den Kiesboden und drückte sie darin fest, damit sie gut anwurzeln konnten.

Dann holte Heiner eine Kanne mit Leitungswasser aus der Küche und goß das Wasser ins Aquarium. »Schön langsam und vorsichtig«, sagte der Vater, »damit der Boden nicht aufgewühlt und das Wasser trübe wird.«

Der Wasserspiegel stieg allmählich an, bis das Aquarium zur Hälfte gefüllt war. Die Pflanzen hoben ihre Stengel und entfalteten ihre grünen Blätter. Hübsch sahen sie in dem klaren Wasser aus.

Und dann? Dann kamen die Tiere ins Aquarium, die Heiner und der Vater am Rande eines

Teiches gefangen hatten. Es waren keine Fische und auch keine Molche. Es waren zwei große Schwimmkäfer.

Die Käfer purzelten aus dem Glas ins Wasserbecken und verschwanden blitzschnell zwischen den grünen Wasserpflanzen.

»Guck mal, Vati«, sagte Heiner, »jetzt ist ein Käfer in meine Höhle geschwommen und versteckt sich.«

»Die beiden Schwimmkäfer sind Gelbrandkäfer«, sagte der Vater. »Sie heißen so, weil ihre Flügeldecken und ihr Halsschild von einem schmalen gelben Rand umgeben sind. Da – bei dem anderen Käfer, der jetzt hier herumschwimmt, kannst du es gut sehen.«

»Und wovon leben die Käfer?« wollte Heiner wissen.

»Sie erbeuten alle Tiere, die sie bewältigen können: Würmer, Wasserinsekten, sogar kleine Fische und Molche«, erklärte der Vater. »Am besten ist es, wenn wir alle paar Tage im Garten Regenwürmer für unsere Käfer suchen.«

Da kam der Gelbrandkäfer aus der Steinhöhle und stieg nach oben an die Wasseroberfläche. Er hielt sein Hinterteil etwas über sie empor, das Kopfende schräg nach unten gerichtet.

»Wenn du genau hinguckst, Heiner«, sagte der Vater, »dann siehst du, daß der Käfer sein Hinterteil geöffnet hat. Er tankt Luft.«

In dieser Stellung verharrte der Gelbrandkäfer eine ganze Weile. Dann tauchte er wieder unter und führte den aufgenommenen Sauerstoff in einer silbernen Blase unter den Flügeldecken mit.

»Wie lange kann er wohl damit unter Wasser bleiben?« fragte Heiner.

»Etwa alle zehn Minuten wird er an die Oberfläche kommen, um Luft zu holen«, sagte der Vater. »Sonst würde er unten im Wasser ersticken.«

»Da haben wir es aber besser«, meinte Heiner. »Wir haben die Luft ja dauernd um uns herum.«

»Aber Luftholen ist auch für uns notwendig«, erwiderte der Vater. »Luftholen in einem anderen Sinn: Eine Pause machen, sich ausruhen und besinnen und dabei Kräfte sammeln. Wir können nicht dauernd arbeiten oder durch das Leben jagen. Daran würden wir zugrunde gehen. Der Schöpfer hat es so eingerichtet wie bei deinen Schwimmkäfern: Von Zeit zu Zeit müssen wir Mut und Kraft tanken. Denn unser Vorrat reicht immer nur eine Zeitlang.«

Ob Heiner verstand, was der Vater meinte?

Luft holen und Kraft schöpfen

Ein Aquarium ist etwas Schönes und Interessantes – eine Welt aus Kies und Stein, aus Pflanzengrün und Wasser.

Vielleicht richtest du dir auch einmal ein Aquarium, ein Wasserbecken mit Pflanzen und Tieren zu Hause ein. Das macht Freude, und du kannst bei der Beobachtung am Aquarium viel von der Natur kennenlernen.

Heiner und sein Vater richten das Wasserbecken gemeinsam ein. Bevor sie die Schwimmkäfer hineintun, müssen sie erst manches vorbereiten. Du hast es gelesen.

Und auch später müssen sie immer wieder für Futter und sauberes Wasser sorgen.

So ist es auch mit unserem Leben und der großen Welt: Nichts ist von selbst da. Einer hat alles vorbereitet, geschaffen und eingerichtet: Gott, der Schöpfer. Er sorgt auch dafür, daß das Leben erhalten bleibt.

Der Vater zeigt Heiner im Gespräch, was wir Menschen von den Schwimmkäfern lernen können.

Wie der Gelbrandkäfer von Zeit zu Zeit Luft holt, so brauchen wir täglich neue Kraft und neuen Mut zum Leben. Gott hat es so eingerichtet und will uns dabei helfen. Wenn wir uns ihm zuwenden, mit ihm im Gebet sprechen und auf sein Wort hören, dann weht uns so etwas wie frische Luft zu, die wir zum Atmen brauchen.

In der Bibel steht das Wort:
»Wenn ihr euch zu mir wendet und stillhaltet,
so wird euch geholfen. Durch Ruhe und Vertrauen
bekommt ihr Kraft«
(Jesaja 30, 15)

● *Glauben heißt, sich an Gott zu halten und sich von ihm Kraft und Mut schenken zu lassen.*

Die Palme mit dem Stein in der Krone

Es war einmal ein Mensch, der sich an nichts freuen konnte. Alles Schöne und Gesunde haßte er. Wo er etwas Gutes und Sinnvolles sah, mußte er es zerstören. Er konnte gar nicht mehr anders.

Eines Tages wanderte er durch die Wüste. Als er an eine Oase kam, entdeckte er dort eine junge Palme. Sie stand im besten Wuchs und sah kräftig und schön aus. Sicher würde sie einmal ein stattlicher Baum werden.

Darüber ärgerte sich der Mann. Er schaute sich um und suchte einen schweren Stein. Er nahm ihn und legte ihn der jungen Palme mitten in die Krone und band ihn dort fest. Mit Schadenfreude und einem hämischen Lachen ging er weiter.

Die Palme versuchte, die Last abzuwerfen. Sie schüttelte sich und bog sich. Vergebens, der Stein blieb in der Krone liegen.

Die Palme bat den Wind, ihr zu helfen und ihr die Last vom Haupt wegzuwehen. Der Wind kam und wurde zum Sturm, aber auch das nutzte nichts.

Da krallte sich die Palme tief in den Boden,

um Kraft und Halt zu gewinnen. Ihre Wurzeln erreichten verborgene Wasseradern und ernährten den Baum. Die Sonne meinte es gut mit ihr und ließ sie gedeihen.

Diese Kraft aus der Tiefe und die Sonnenwärme aus der Höhe machten sie schließlich zu einer standfesten und königlichen Palme, die dem Gewicht der Last widerstand und den Stein mit der Zeit hochstemmte.

Nach Jahren kam der Mann, der noch immer Böses im Sinn hatte, zurück und wollte sich an dem verkrüppelten Baum erfreuen.

Als er die Palme sah, mußte er sich sehr wundern. Aus dem behinderten jungen Bäumchen war ein starker und mächtiger Baum geworden. Er traute seinen Augen nicht.

Da senkte die Palme ihre Krone, zeigte den Stein und sagte zu dem Mann: »Du hast es böse mit mir gemeint, und dennoch muß ich dir danken. Die Last, die du mir auferlegt hast, hat mich stark gemacht. Sieh mich an, wie ich trotz allem in die Höhe gewachsen bin! Die Tiefe trägt mich, und die Sonne hat mich gesegnet.«

Schweres kann stark machen

Jeder Mensch macht in seinem Leben auch Schweres durch. Mancher muß dabei mehr tragen als andere. Mal ist es eine Krankheit oder Behinderung, mal eine andere Not oder Sorge. Das alles kann drücken und belasten wie ein schwerer Stein. Oft tun sich die Menschen auch selber Böses an.

Die Palme versucht, die Last abzuschütteln, aber es gelingt ihr nicht. Auch der Wind kann ihr nicht helfen. Da stemmt sie sich fest in den Boden. Aus der Tiefe gewinnt sie Halt und Kraft, und die Sonne scheint aus der Höhe. So besteht die Palme die Probe. Der schwere Stein hat sie stark gemacht.

Wenn wir uns von Gott Kraft und Stärke schenken lassen, können wir auch Schweres tragen. Am Ende kann sogar etwas Gutes daraus werden – wie bei der Palme.

In der Bibel steht das Wort:
»Werdet stark durch die Verbindung mit dem Herrn! Laßt euch von seiner Kraft stärken!«
(Epheser 6, 10)

● *Glauben heißt, mit Gottes Hilfe auch Schweres auszuhalten und das Beste daraus zu machen.*

Vom Tautropfen zur Perle

Am Blatt eines Baumes glitzerte ein großer Tautropfen. Aber kaum, daß er dasaß, rutschte er schon vom Blatt hinunter in die Tiefe und landete kopfüber im Meer. Das Wasser riß ihn mit sich, und er versuchte verzweifelt, sich zu befreien. Jeden Augenblick glaubte er, sich auflösen zu müssen.

Da hörte er eine Stimme: »Schnell – komm in mein Haus! Dort bist du gerettet!«

Blindlings folgte er dem Ruf und fand sich sogleich in einer Muschel wieder, die ihre Schalen hinter ihm schloß. Dankbar atmete er auf: »Hier bin ich sicher!« Dabei blieb es einige Zeit.

Aber je länger er Gast der freundlichen Muschel war, desto deutlicher wurde ihm bewußt: »Ich bin zwar gerettet, aber nicht mehr frei. Ich werde nie mehr als Tautropfen auf einem Blatt in all den herrlichen Regenbogenfarben schillern!«

Die Muschel merkte seinen Kummer und zog ihn ins Gespräch. Als sie ihm zugehört hatte, sagte sie: »Lieber Tautropfen, ich will dir aus meinem langen Leben einen guten Rat geben. Wenn du dich trotzig gegen dein Schicksal auflehnst, wirst du immer wieder ohnmächtig Schmerz und Wut empfinden. Wenn du es aber annimmst und geduldig bist, wird es dir leichter ums Herz sein.«

Und dann fügte sie geheimnisvoll hinzu: »Dann wirst du von innen her immer fester

werden. Am Ende wirst du tausendmal mehr sein, als du warst, bevor du ins Meer stürztest!«

Wie sollte der Tautropfen das begreifen! Er seufzte nur tief, aber er ließ sich auf den Rat der weisen Muschel ein. Von jetzt an versuchte er, still und ohne Klage zu leben, ganz in sich gekehrt im Gästehaus der Muschel.

Allmählich fühlte er verwundert, daß etwas in ihm wuchs und ihm Kraft gab. Hatte die Muschel doch recht gehabt? Er war nicht nur gelassen, er verspürte auch so etwas wie Vorfreude: »Mir ist, als ob noch etwas Großes auf mich wartet!«

Eines Tages beobachtete er wieder von der Muschel aus das Treiben im Wasser. Da sah er unmittelbar vor dem Muschelspalt eine große weiße Blüte schwimmen – nein, das war keine Blume, das war die weiße Hand einer Perlentaucherin, die die Muschel mit vielen anderen Muscheln vom Fels pflückte.

Schon bald lagen die geernteten Muscheln auf

einem Tuch am Strand des Meeres. Fröhliche Mädchen öffneten die Muscheln mit ihren behutsamen und erfahrenen Händen.

»Hier, seht!« rief eine der Taucherinnen entzückt, »was für eine herrliche Perle ich gefunden habe! Sie sieht wie ein Tautropfen aus und schimmert in allen Regenbogenfarben. Was meint ihr, wie kostbar und wertvoll die ist!«

Alle Mädchen schauten zu ihr hinüber und sahen auf die Hand ihrer Freundin, auf der die Perle vollkommen schön wie auf einem Lotosblatt lag. Eben die Perle, die zu Beginn ein ganz gewöhnlicher Tropfen Wasser gewesen war unter Tausenden und Millionen anderer Wassertröpfchen.

Ja sagen zu seinem Weg

Es ist nicht immer einfach für uns, zu uns selbst und unserem Lebensweg ja zu sagen. Vieles würden wir gern anders haben.

So geht es dem Tautropfen auch. Er würde am liebsten auf seinem Baumblatt sitzen bleiben und in den Regenbogenfarben leuchten. Aber er muß ins tiefe Meer hinunter.

Die Muschel, die ihn rettet, ist weise. Sie hilft dem Tautropfen und macht ihm Mut: Du mußt dein Schicksal annehmen, das dir bestimmt ist. Dann wirst du ruhig und erlebst eine große Überraschung. Sie hat recht: Der Tropfen Wasser verwandelt sich in eine edle Perle, die viel wertvoller ist als ein Tautropfen.

Wenn wir den Weg annehmen, den Gott uns führt, finden wir Frieden und Freude. Auch wenn unsere Wünsche nicht so in Erfüllung gehen, wie wir es uns vorgestellt haben, kann Gott hundertmal mehr und Größeres aus uns machen, als wir es uns träumen ließen.

In der Bibel steht das Wort:
»Befiehl dem Herrn deine Wege und hoffe auf ihn; er wird's wohl machen«

(Psalm 37, 5).

● *Glauben heißt, den Weg anzunehmen, den Gott für uns bestimmt hat.*

Das Geheimnis der Doppelsterne

Julia und Clemens besuchten mit ihren Großeltern eine Sternwarte. Sie lag in einem Bergpark außerhalb der Stadt. Es war ein klarer, wolkenloser Abend, an dem in der Sternwarte eine Führung stattfand.

Viele Kinder und Erwachsene warteten vor dem Eingang des Gebäudes, über dessen Dach eine große Kuppel zu sehen war.

»In dieser Kuppel ist das Fernrohr untergebracht«, sagte die Großmutter, »durch das uns der Astronom gleich die Sterne zeigen wird.«

»Wer ist der Astronom?« fragte Julia.

»Der Mann, der die Sterne genau kennt und das Fernrohr auf sie einstellen kann«, antwortete der Großvater.

»Ja, mit dem Fernrohr kann man alles viel besser sehen als mit den Augen«, sagte Clemens. »Man kann damit noch Sterne sehen, die ganz weit weg sind und nur schwach leuchten.«

Der Eingang zur Sternwarte wurde geöffnet, und jeder mußte an der Kasse Eintritt bezahlen.

Dann kam der Astronom und führte die Besucher in den Kuppelraum, wo ein großes, langes Fernrohr stand. Es war schräg nach oben gerichtet, auf einen Spalt der Kuppel, der sich jetzt langsam öffnete. Der Astronom stieg auf die Treppe zu dem Fernrohr und drückte ein paar Knöpfe. Leise bewegte sich das Fernrohr auf eine bestimmte Stelle am Himmel.

Julia und Clemens waren die ersten, die durch das Fernrohr sehen durften. Der Astronom hob sie auf eine Fußbank und ließ sie nacheinander in das Rohr schauen.

»Siehst du etwas?« fragte er.

»Ja, zwei kleine Sterne nebeneinander«, rief Julia.

»Ich will sie auch sehen«, drängte sich Clemens ans Fernrohr. »Ja, zwei Punkte sind es.«

»Das sind zwei große Sonnen, so groß und hell wie unsere Sonne«, erklärte der Astronom. »Wir sehen sie nur so klein, weil sie unendlich weit von uns entfernt sind.«

»Warum sind das zwei Sonnen, wenn wir nur eine Sonne haben?« fragte Julia.

»Wißt ihr, die Sonnen gibt es im Weltall fast immer in einer Familie oder Gruppe, Einzelsonnen sind selten, und die haben dann vermutlich andere kleinere Begleiter um sich, die wir Planeten nennen. So kreisen ja um unsere Sonne neben der Erde noch acht andere Planeten. Aber hier haben wir ein Doppelgestirn, zwei Sonnen, die zusammengehören.«

»Welche von beiden ist größer?« wollte Clemens wissen.

»Die an der rechten Seite, die etwas gelber leuchtet als die andere«, antwortete der Astronom.

»Dann muß wohl die kleinere Sonne immer um die größere Sonne kreisen?«

»Ja, sollte man meinen«, erwiderte der Astronom. »Aber in Wirklichkeit ist es anders.

Die kleinere Sonne kreist nicht um die größere, und die größere natürlich auch nicht um die kleinere. Beide laufen um einen gemeinsamen Mittelpunkt, der zwischen ihnen liegt.«

»Den kann man aber nicht sehen«, sagte Clemens.

»Trotzdem ist es so. Es gibt nicht nur das, was wir sehen können. Es gibt auch das, was wir nicht sehen können. Wir merken es an dem, was es bewirkt.«

»Was bewirkt es denn?«

»Ihr stellt gute Fragen«, freute sich der Astronom. »Eine ganze Menge! Zwei unterschiedliche Sonnen mit unterschiedlichen Bahnen werden durch den unsichtbaren Mittelpunkt zusammengehalten. So bilden sie ein Doppelgestirn. Das hat die Sternenforschung nachgewiesen.«

»So«, schaltete sich der Großvater ein, »jetzt kommen aber die nächsten Besucher an die Reihe! Vielleicht könnt ihr nachher noch einmal den Mond durchs Fernrohr betrachten.«

Die verbindende Mitte

Die beiden Sonnen, die der Astronom Julia und Clemens gezeigt hat, kreisen um einen gemeinsamen Schwerpunkt. Man kann ihn nicht sehen. Aber die Sternforscher haben ihn an seiner Wirkung erkannt. Er zieht die beiden Sonnen an und hält sie als Doppelgestirn zusammen. Dabei sind es zwei verschiedene Sonnen, die auch auf verschiedenen Bahnen durchs Weltall laufen.

Auch in unserem Leben gibt es einen unsichtbaren Mittelpunkt, der uns hält und trägt, bei aller Freiheit, die er uns läßt. Das ist Gott, der Schöpfer der Welt. Wir können ihn nicht sehen, aber an seiner Wirkung erkennen. Er hat uns alle als verschiedene Geschöpfe geschaffen und führt jeden von uns einen besonderen Weg durch das Leben.

Du darfst du sein. So wie du bist. Anders als andere. Aber mit der Macht seiner Liebe will Gott uns alle zusammenhalten, daß wir uns nicht verirren und auf Abwege geraten. So verschieden wir sind – vor Gott gehören wir doch alle zusammen.

In der Bibel steht das Wort:
»Bemüht euch darum, die Einheit zu bewahren, die der Geist Gottes euch schenkt!
Der Friede, der von Gott kommt, soll euch verbinden«
(Epheser 4, 3).

● *Glauben heißt, sich darüber zu freuen, daß Gott jeden von uns auf verschiedene Weise führt und uns doch mit seiner Liebe zusammenhält.*

Die Herrscherwahl der Bäume

Einmal versammelten sich die Bäume, um einen Herrscher für ihr Land zu wählen. Er sollte an oberster Stelle stehen und über alle Bäume regieren.

Zuerst dachten sie an den Ölbaum. Er war ein Wohltäter für das Land, seine Früchte waren das Nahrungsmittel des Volkes. Ein Stück Brot und eine Handvoll Oliven – das schmeckte.

So wandten sich die Bäume an ihn und sagten: »Ölbaum, wir möchten, daß du unser König bist. Regiere über uns und sorge für Gerechtigkeit. Wir glauben, daß du das gut kannst.«

Aber der Ölbaum hatte keine Lust. Er war sich zu schade dafür, König zu werden. Er erwiderte: »Es ist freundlich, daß ihr an mich denkt. Aber ihr wißt doch, daß ich dazu da bin, um Oliven und kostbares Öl hervorzubringen. Gott und Menschen haben Freude daran. Soll ich nun meinem Auftrag untreu werden – nur um über die Bäume zu regieren? Das könnt ihr nicht von mir verlangen!«

Da überlegten die Bäume weiter und kamen auf den Feigenbaum. Feigen waren die Lieblingsfrucht in ihrem Land. Kaum hatte der Mensch sie in seiner Hand, steckte er sie auch schon in den Mund.

So wandten sich die Bäume an den Feigenbaum und sagten: »Dann möchten wir dich zum König haben. Du sollst über uns herrschen und für Frieden sorgen. Du bist so beliebt, daß dir die Bäume gern gehorchen.«

Aber auch der Feigenbaum lehnte ab und antwortete: »Ich freue mich zwar, daß ihr mich fragt – aber soll ich denn keine Frucht mehr tragen? Das könnt ihr mir nicht antun! Ihr wißt doch, wie begehrt meine süßen Früchte sind. Sie sind mir wichtiger als alles andere. Ihr müßt euch einen anderen suchen.«

Die Bäume waren sehr enttäuscht. Sie überlegten weiter und kamen auf den Weinstock. Der Weinstock war zwar kein großer Baum, aber ein wichtiges Gewächs für das Land. Die Trauben schmeckten süß und erfrischend, und an Festtagen und zu besonderen Anlässen gab es Wein zu trinken. Er machte die Menschen fröhlich.

Die Bäume baten den Weinstock: »Sei du unser Herrscher! Besteig den Thron und regiere unser Volk und Land! Wir vertrauen es dir an.«

Aber auch der Weinstock hatte kein Interesse daran. »Es ist nett, daß ihr mich fragt«, antwortete er. »Aber was würden wohl die Menschen sagen, wenn ich keine Reben mehr hervorbrächte, aus denen der Wein gemacht wird? Nein«, entschied er, »alle Welt liebt meinen Wein, weil er so gut schmeckt und fröhlich macht. Da kann ich doch nicht einfach weglaufen und König werden!«

Die Bäume waren ratlos. Wen sollten sie nun bitten, ihr König zu werden?

Schließlich kamen sie darauf, den Dornenstrauch anzusprechen. Sie dachten: »Der

Dornenstrauch ist eigentlich ein Nichtsnutz, er hat nichts Gescheites zu tun. Sicher ist er deshalb bereit, das Königsamt anzunehmen.«

So traten die Bäume an den Dornenstrauch heran und sagten: »Dann sollst du unser Herrscher sein! Komm her und besteige den Thron!«

Der Dornenstrauch lachte. Ihm kam die Bitte der Bäume gerade recht. Er freute sich darauf, Macht über andere auszuüben.

»Ja«, sagte er zu den Bäumen, «ich bin euer König! Los, kommt her! Duckt euch unter meine Dornen! Ich will euch zeigen, wer ich bin. Und gehorcht ihr mir nicht, dann schlägt aus meinen Dornen ein verzehrendes Feuer und verbrennt eure höchsten Wipfel. Sogar die Zedern auf dem Libanon werden im Feuer sterben!«

Verantwortung übernehmen

Der Ölbaum, der Feigenbaum und der Weinstock lehnen das Amt des Herrschers ab. Sie wollen lieber bei ihren gewohnten Tätigkeiten bleiben und Öl, Feigen und Wein liefern. Sie haben damit genug zu tun und finden dadurch bei den Menschen auch hohe Anerkennung.

Aber weil diese drei nützlichen Fruchtbäume das Amt des Herrschers ablehnen, kommen die Dornen an die Macht. Sie treten das Amt gleich herrschsüchtig an und bedrohen die Bäume.

Wenn die guten Kräfte sich verweigern, kommen die bösen Kräfte an die Macht. Und das ist, wie unsere Geschichte zeigt, eine gefährliche Sache.

Der Dienst für das Wohl eines Landes ist wichtig. Darum sollen sich Frauen, Männer und Jugendliche, die gute Gaben haben und für öffentliche Ämter und Aufgaben geeignet sind, diesem Dienst nicht entziehen.

Wenn du zum Klassensprecher oder zur Klassensprecherin gewählt wirst, gib dir Mühe und setz dich für eine gute und gerechte Sache ein!

Gott will, daß wir seine Mitarbeiter und Mitarbeiterinnen sind und helfen, die Welt in Ordnung zu halten.

In der Bibel steht das Wort:
»Die ein öffentliches Amt haben,
erfüllen einen Auftrag Gottes, wenn sie sich ständig für das Rechte einsetzen«
(Römer 13, 6).

● *Glauben heißt, in der Welt Verantwortung zu übernehmen und für Gerechtigkeit und Frieden zu sorgen.*